免疫趣旅

杜尼亚 • 斯图尔特-麦克米尔 著

乔瓦娜 • 德 • 利马 绘

牛晓玮 译

TBR 图书
纽约 • 巴黎

献给现实中的法缇玛，你终于拥有了属于自己的图书！

-杜尼亚

TBR Books / CALEC
ISBN 978-1-63607-296-8

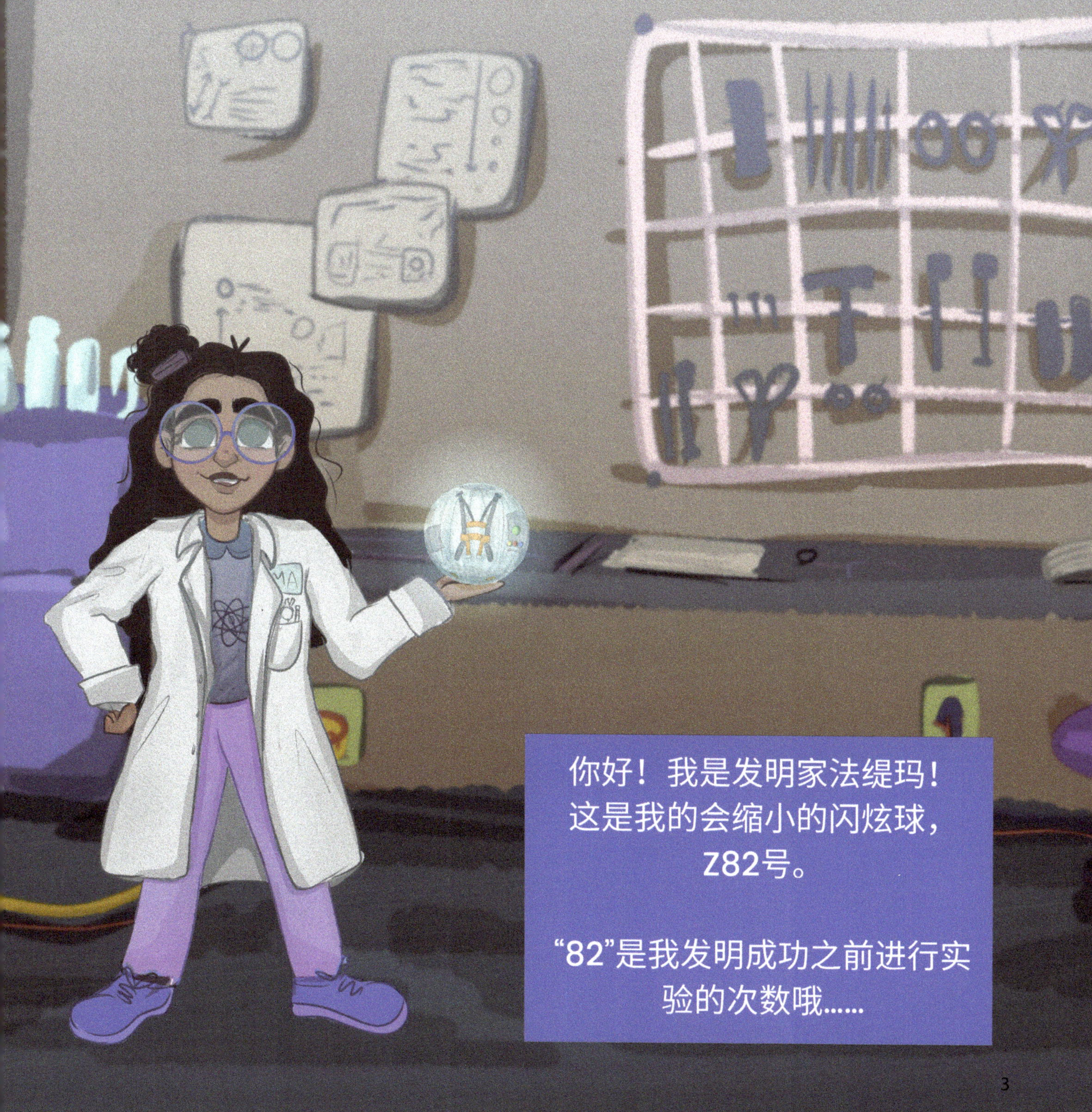

你好！我是发明家法缇玛！
这是我的会缩小的闪炫球，
Z82号。

“82”是我发明成功之前进行实
验的次数哦……

我的计划是我进入闪炫球，一起缩小，然后……钻进人的鼻子里！！我知道这听起来挺恶心的，但是我想要去了解当我们因为感染了坏的细菌而生病后，身体是怎样保护我们的。

细菌是一种非常小的生命体。它们太小了，以至于我们无法看见它们！细菌有好有坏，那些坏的细菌会让我们生病。

而我的使命就是去探索**免疫系统**——也就是在我们生病时，
所有那些帮助我们战胜坏细菌的身体部位与微小物质。
想不想加入我呢？那就让我们出发吧！

看到所有这些按钮了吗？先选择那个写着“细菌”的按钮，然后按下那个写着“缩小”的大大的按钮！等待，等待，等待！！

别忘带上这把火炬——我之前去过那里，相信我，里面很黑……

3-2-1……唰！！！！！！

现在有趣的部分要来了——我们要钻进鼻子里啦！！！
看到这张纸巾吗？我想我知道它接下来要去哪里，让我们快跳上去...

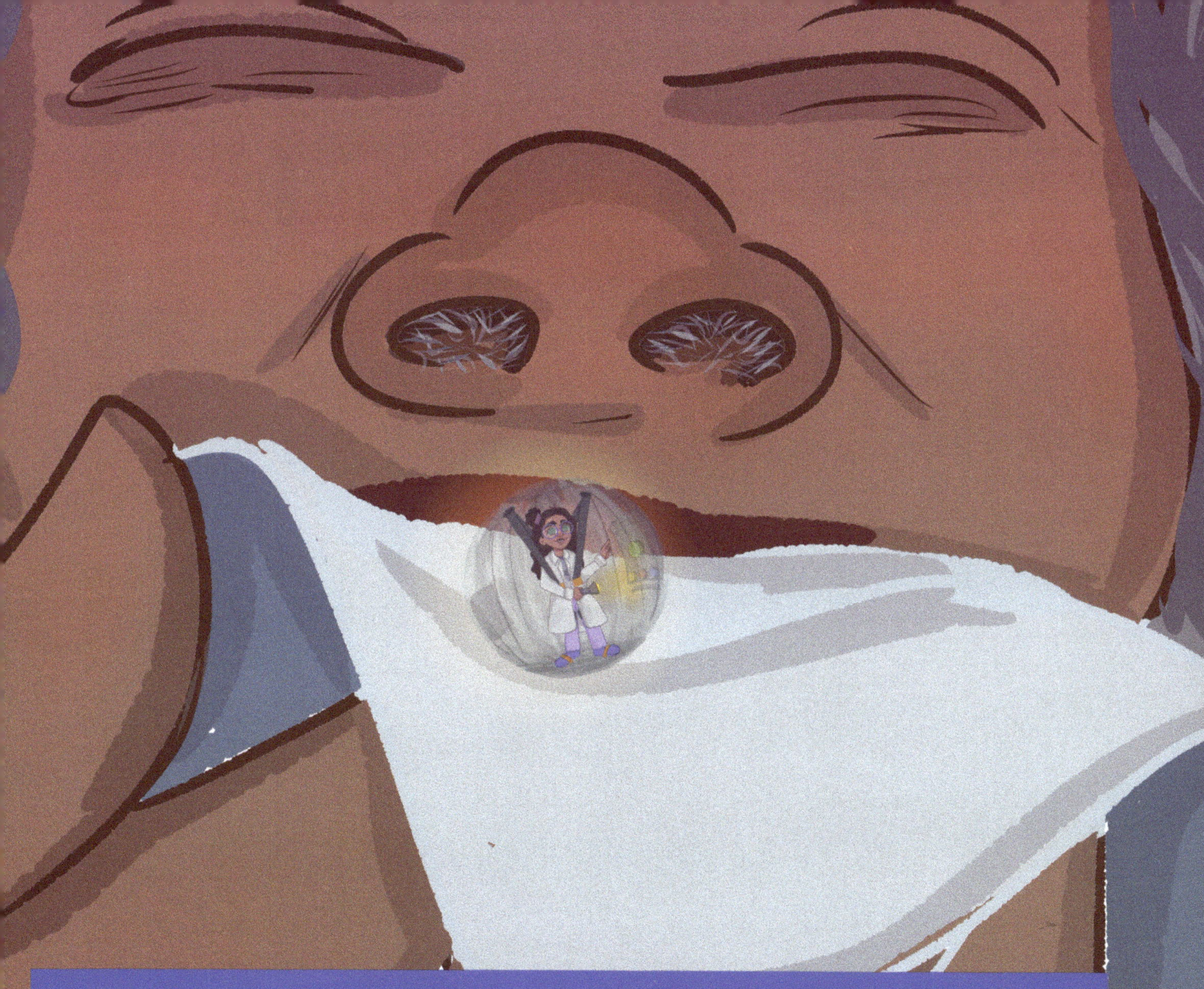

别担心，闪炫球会保护我们不碰到鼻屎。但我们还是需要**非常**小心——我们的身体会制造很多陷阱来阻止坏细菌，所以我们必须避开所有的陷阱！你准备好了吗？你有没有觉得……鼻子一酸？！（当然，我只是开个玩笑……）

哦不，我们被鼻毛困住了！现在鼻屎正从各个方向包围我们！鼻屎会捉住坏的细菌，然后在我们打喷嚏或者擤鼻涕的时候把细菌扔出去。快，让我们离开这里！

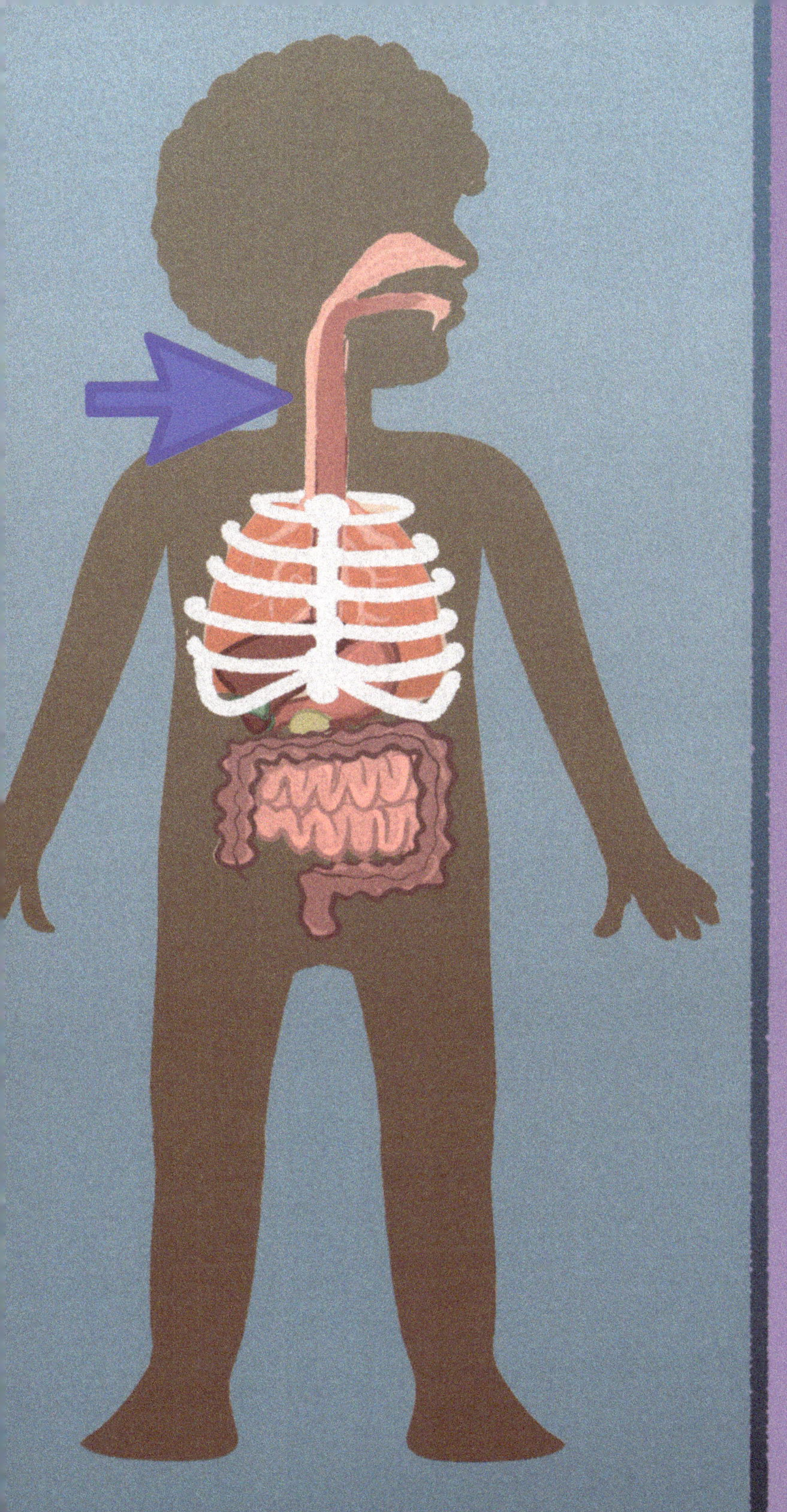

咻……我们可算是逃出了第一道陷阱——鼻毛和鼻屎——现在我们来到了喉咙里。

看到那两条通道了吗？其中一条是气管，直通向肺部；另一条是食道，通向胃部。“食道”是你要了解的另一个词语。但是今天让我们顺着气管向下走，去看看肺里都有什么！

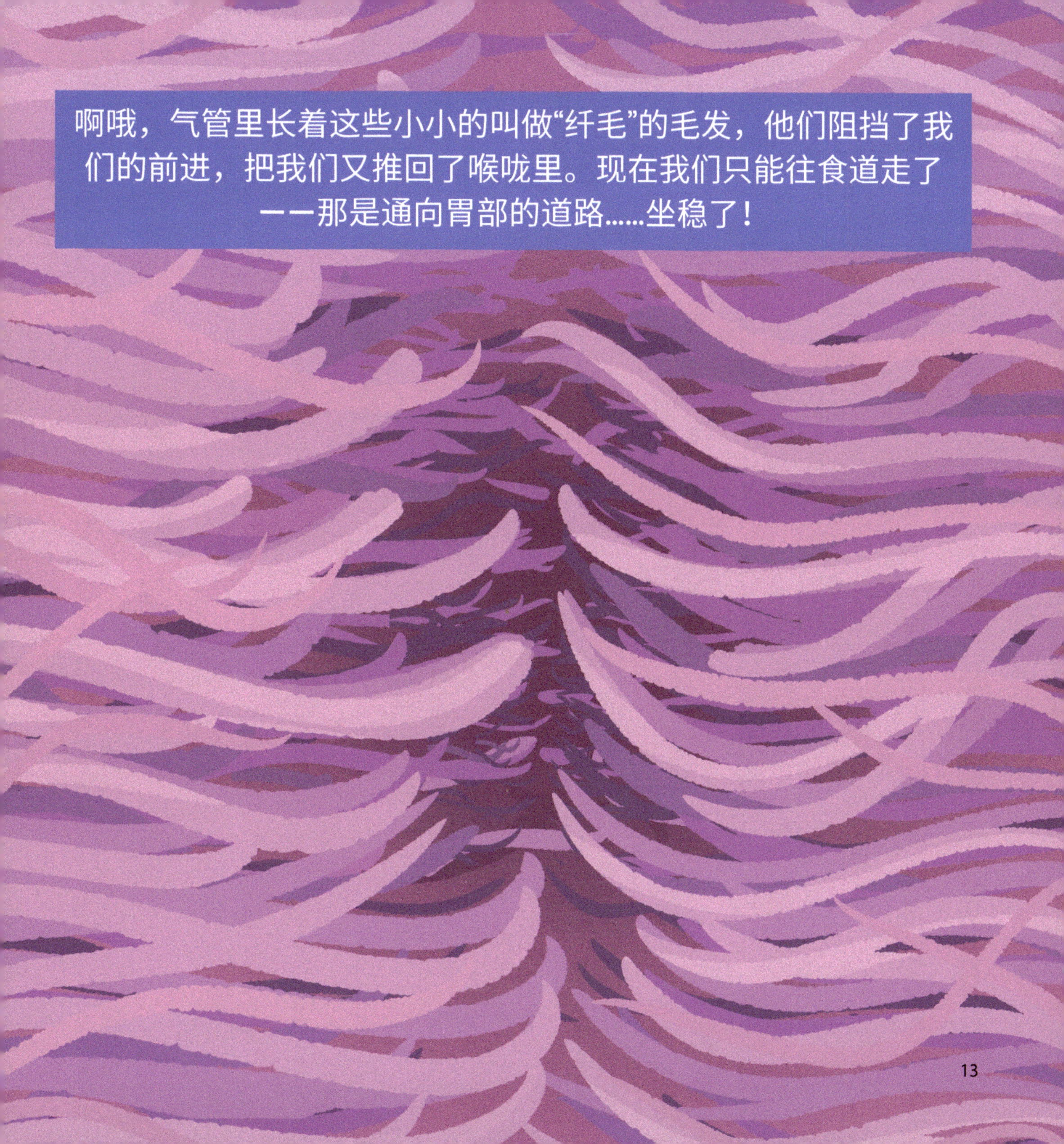
啊哦，气管里长着这些小小的叫做“纤毛”的毛发，他们阻挡了我们的前进，把我们又推回了喉咙里。现在我们只能往食道走了——那是通向胃部的道路……坐稳了！

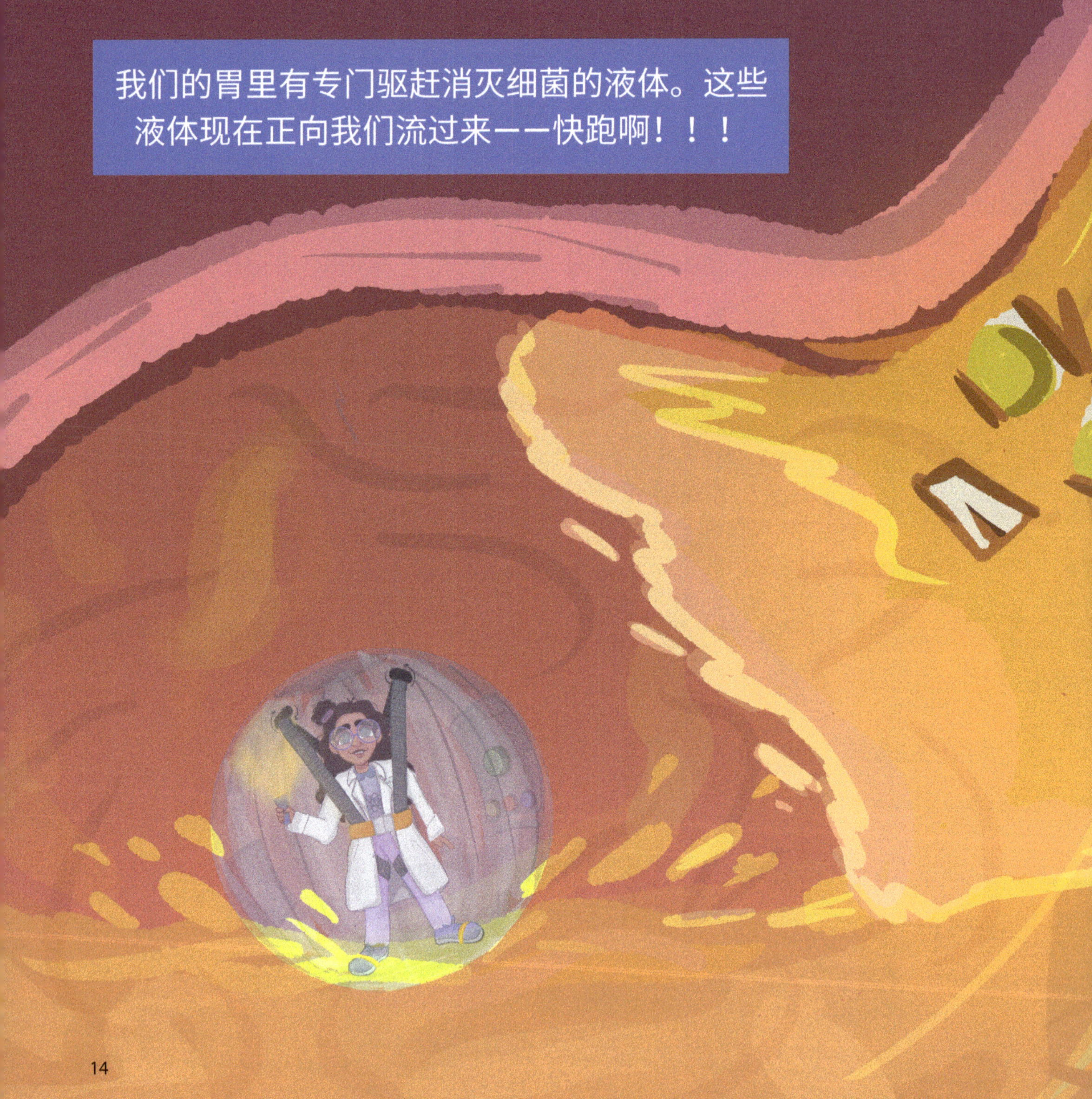
我们的胃里有专门驱赶消灭细菌的液体。这些液体现在正向我们流过来——快跑啊！！！

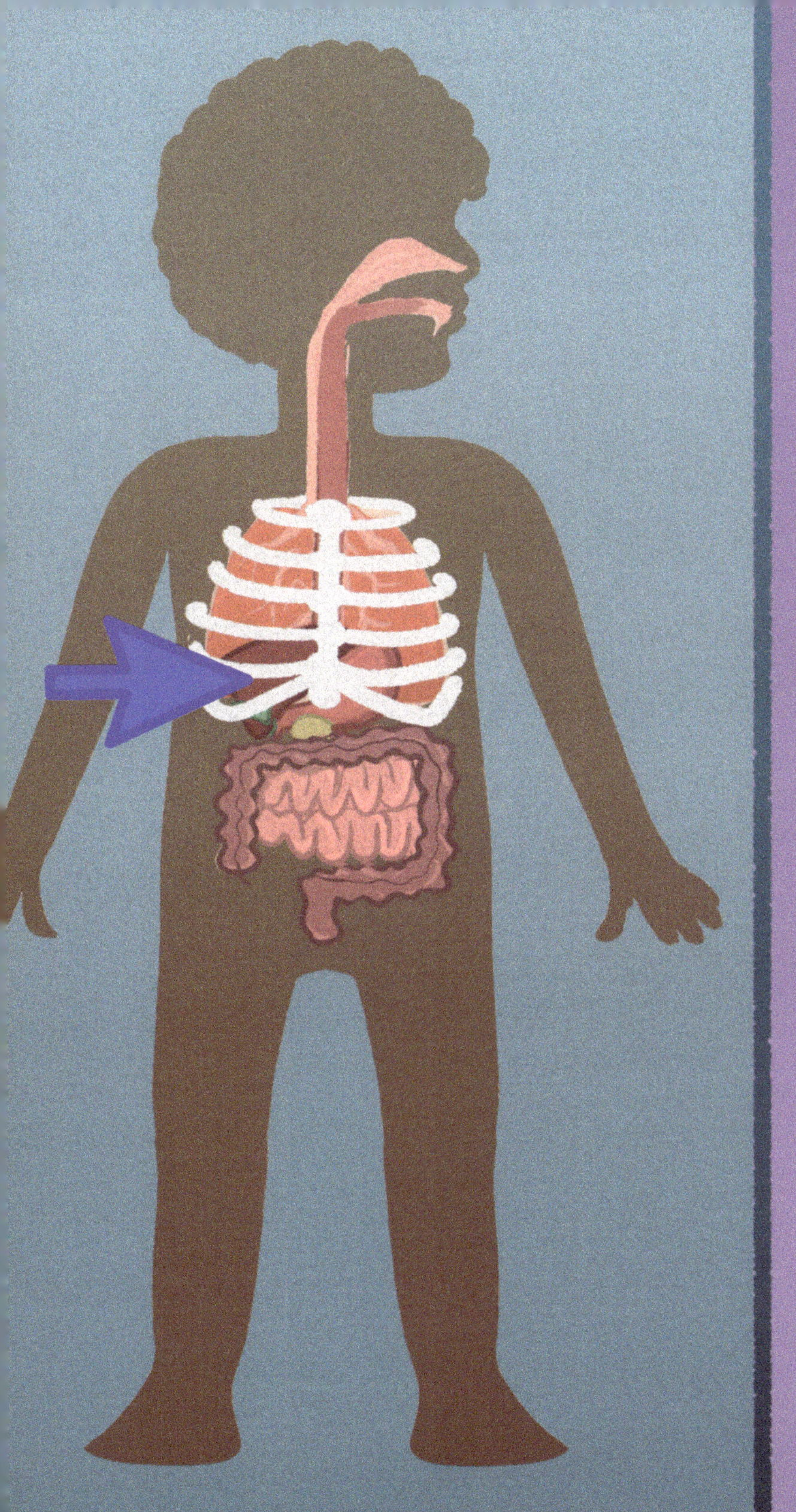

我们需要从胃壁逃出去并找到一根骨骼——我等下会告诉你这是为什么！

我们出来了，但是不会安全太久！！

我们现在经历过了鼻屎、鼻毛、纤毛和胃酸——所有这些能阻止坏细菌继续进入身体的陷阱。

而一旦坏细菌真的进来了，我们的身体还有一个叫做“白细胞”的秘密武器。看到这些很大的弧形白色物体吗，就像屋顶的横梁一样？这是肋骨——我们现在要进去了！！

进来啦！这是骨头里面，这里是白细胞产生的地方。如果坏细菌躲过了所有的陷阱，白细胞就会风风火火地过来驱赶他们！！他们是我们的救星！

每一个白细胞都会用不同的方式对抗细菌。有一些白细胞叫做“吞噬细胞”，他们会包裹住细菌，然后把细菌统统吃掉！

这些吞噬细胞看起来可不友善。他们一定觉得我们也是坏细菌，那也就意味着……他们要来吃掉我们了！走，快逃走！

虽然我们躲过了吞噬细胞，但危险还没结束！接下来骨骼里还会制造一种更加可怕的白细胞，叫做“淋巴细胞”。

淋巴细胞通过制造一种叫做“抗体”的物质来反击坏细菌。抗体会锁住坏细胞，让吞噬细胞更容易吃掉他们。白细胞还有身体中的其他所有这些厉害的防御手段，会像一个团队般共同发挥作用。

看起来这个团队决心要来摧毁我们了，那么……是时候出去了！

哇，多么刺激的旅程啊！这一路多少有些惊险，但我希望你也像我一样获得了乐趣！
关于人体的免疫系统，还有很多等着我们去学习，希望你有一天可以继续探索……而且不会再被当作细菌！

下次再见！

免疫系统

帮助我们战胜坏病菌的身体部位和微小物质

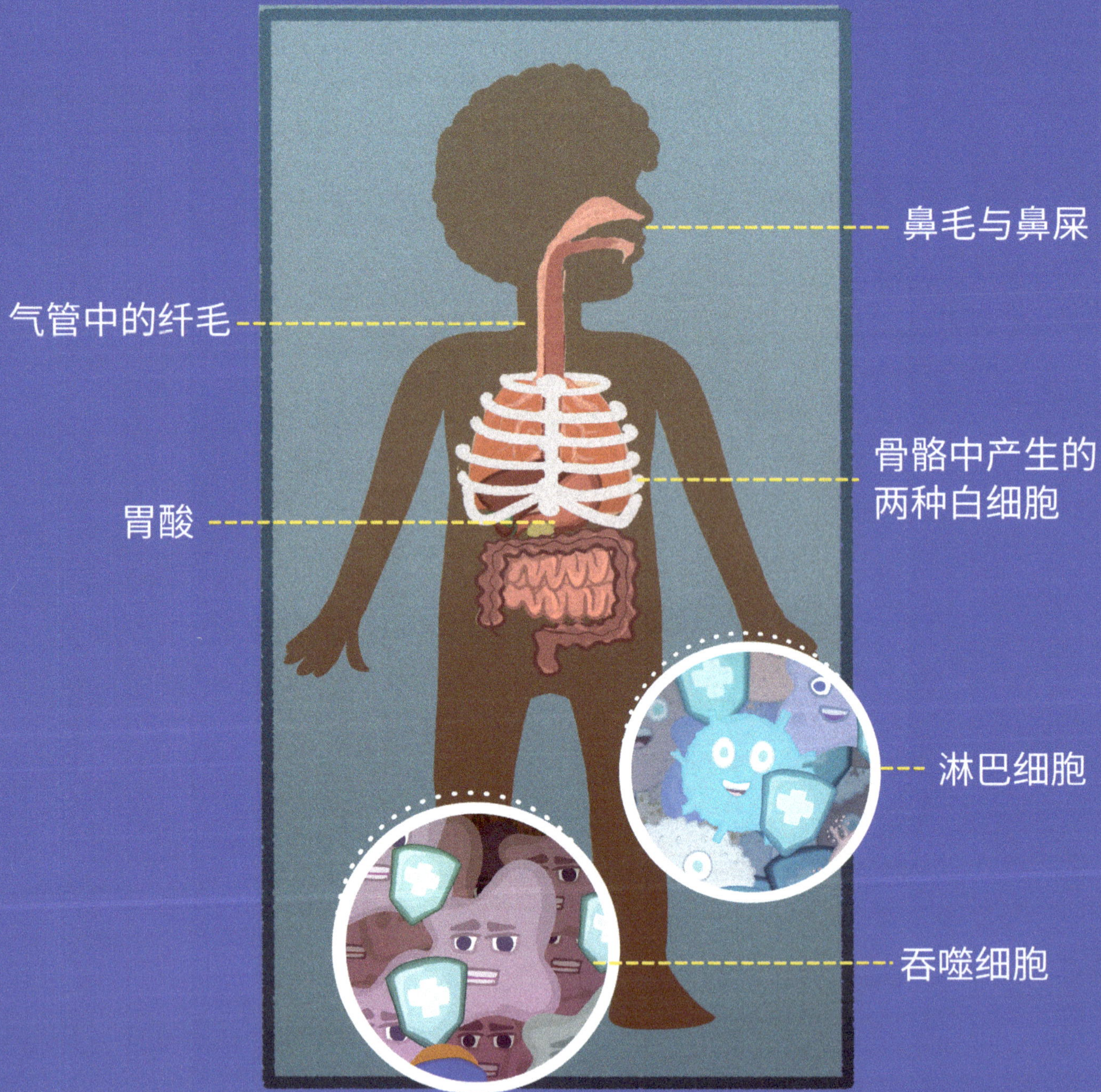

鼻毛与鼻屎

气管中的纤毛

骨骼中产生的两种白细胞

胃酸

淋巴细胞

吞噬细胞

杜尼亚•斯图尔特-麦克米尔

杜尼亚•斯图尔特-麦克米尔相信儿童需要热情去学习知识。她多年的从教与学校志愿者经验帮助学生们找到了学科学习，比如数学和科学，当中有趣的一面。现在她也在把这种趣味性放进书中。她的丛书《消化趣旅》通过年轻发明家法缇玛与她所搭乘的闪炫球“Z82号”一同进行的冒险，去探索科学发现与人类身体的奥秘。

点击此处访问杜尼亚的网站:
learningexcitement.co.uk

本作者的其他书籍

《消化趣旅》通过年轻发明家法缇玛与她所搭乘的闪炫球“Z82号”一同进行的冒险，去探索科学发现与人类身体的奥秘。法缇玛的旅途从缩小自己与闪炫球开始，然后进入嘴巴一路向前，以此去了解身体是怎样消化我们喜爱的食物的。本书另有阿拉伯语、中文、英语、法语、西班牙语等多语种版本。

本作者的其他书籍

《呼吸趣旅》通过年轻发明家法缇玛与她所搭乘的闪炫球“Z82号”一同进行的冒险，去探索科学发现与人类身体的奥秘。法缇玛的旅途从缩小自己与闪炫球开始，然后进入到鼻子里，以此去了解身体是怎样去呼吸围绕着我们的空气的。本书另有阿拉伯语、中文、英语、法语、西班牙语等多语种版本。

TBR图书是语言、教育和社区促进中心的出版机构。语言，教育和社区发展中心是一家聚焦多语言、跨文化理解与传播的非盈利机构。我们的宗旨是通过教育、知识、与倡导，为多语言家庭和社区赋能。

本书另有其他语言版本，点击www.calec.org 了解更多。

www.ingramcontent.com/pod-product-compliance
Lightning Source LLC
LaVergne TN
LVHW070400230826
846093LV00016B/546

9781636072968